Chante et colorie pour Noël

W0471209

CHANTECLER

Bonhomme Noël

Tes joues sont rouge cerise,
Gentil bonhomme Noël,
Car tu viens pendant la bise,
Gentil bonhomme Noël.

Douce nuit

Douce nuit, sainte nuit,
Tout s'endort, et seul veille
Le saint couple sur son enfant,
Gracieux enfant bouclé.
Dors, céleste silence.
Dors, céleste silence.

Douce nuit, sainte nuit,
Les bergers les premiers
Ont entendu l'Alléluia,
Qui sonnait d'ici et de là,
Car chantaient les anges :
Un sauveur nous est né.

Les anges dans nos campagnes

Les anges dans nos campagnes
Ont entonné l'hymne des Cieux,
Et l'écho de nos montagnes
Redit ce chant mélodieux :
Gloria in excelsis Deo (*bis*)

Bergers, pour qui cette fête ?
Quel est l'objet de tous ces chants ?
Quel vainqueur, quelle conquête
Mérite ces cris triomphants ?
Gloria…

Mon beau sapin

Mon beau sapin, roi des forêts,
Que j'aime ta verdure !
Quand par l'hiver, bois et guérets
Sont dépouillés de leurs attraits,
Mon beau sapin, roi des forêts,
Tu gardes ta parure.

Toi que Noël planta chez nous
Au saint anniversaire,
Joli sapin, comme ils sont doux,
Et tes bonbons, et tes joujoux !
Toi que Noël planta chez nous
Tout brillant de lumière.

Entre le bœuf et l'âne gris

Entre le bœuf et l'âne gris
Dort, dort, dort le petit fils.

Mille anges divins,
Mille séraphins
Volent à l'entour
De ce grand Dieu d'amour.

L'as-tu vu ?

L'as-tu vu, l'as-tu vu ?
Le petit bonhomme, le petit bonhomme ?
L'as-tu vu, l'as-tu vu ?
Le petit bonhomme au chapeau pointu.

On l'appelle Père Noël,
Par la cheminée, par la cheminée,
On l'appelle Père Noël,
Par la cheminée, il descend du ciel.

Un, deux, trois

Un deux trois
Dans sa hotte en bois
Quatre cinq six
Toute pleine de surprises
Sept huit neuf
De jouets tout neufs
Dix onze douze
De la joie pour tous !

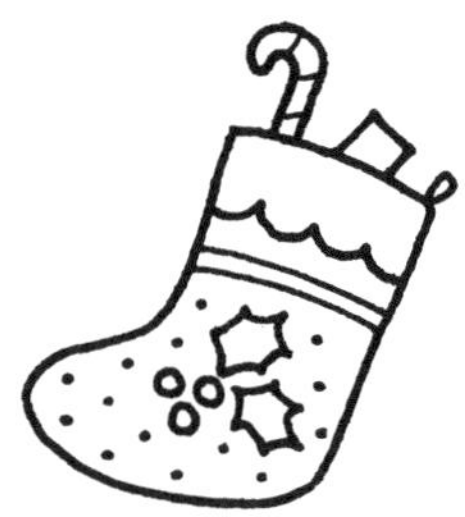

Où t'en vas-tu ?

Où t'en vas-tu donc si vite
Mon petit Pierrot ?
Cours, cours aussi Jeannette,
Laisse tes agneaux.

Un enfant plein de lumière
Est né cette nuit,
Sur un peu de paille fraîche,
Dans un vieil abri.

Il est né le divin enfant

Il est né le divin enfant,
Jouez hautbois, résonnez musettes !
Il est né le divin enfant,
Chantons tous son avènement !

Depuis plus de quatre mille ans,
Nous le promettaient les prophètes.
Depuis plus de quatre mille ans,
Nous attendions cet heureux temps.

De bon matin

De bon matin, j'ai rencontré le train
De trois grands rois
Qui allaient en voyage.
De bon matin, j'ai rencontré le train
De trois grands rois
Dessus le grand chemin.

Venaient d'abord les gardes du corps,
Des gens armés avec trente petits pages,
Venaient d'abord les gardes du corps
Des gens armés dessus leur justaucorps.

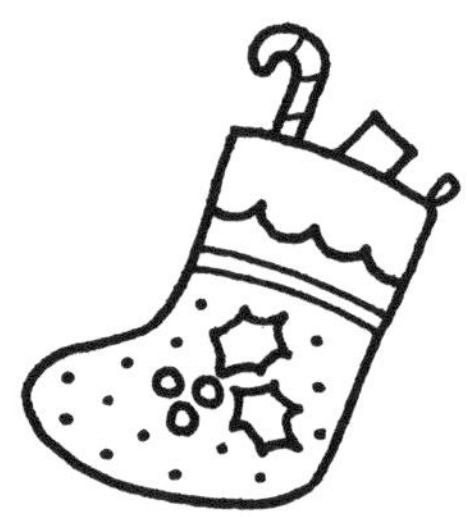

Voici la Noël

Voici la Noël, le temps des veillées, (*bis*)
Où les fiancés vont à l'assemblée.
Le mien n'ira pas, j'en suis assurée.
Il est à Paris ou bien en Vendée.
Qu'apportera-t-il à sa bien-aimée,
Chapelet d'argent, ceinture dorée,
Ou bien le bouquet de la fiancée ?

Va, mon ami, va, la lune se lève,
Va, mon ami, va, la lune s'en va.

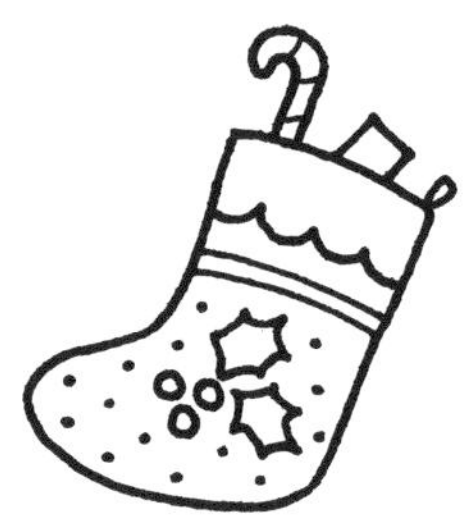

Le petit renne au nez rouge

On l'appelait nez rouge.
Ah ! comme il était mignon !
Le p'tit renne au nez rouge,
Rouge comme un lumignon.
Son p'tit nez faisait rire,
Chacun s'en moquait beaucoup.
On allait jusqu'à dire
Qu'il aimait boire un petit coup.

Vive le vent

Vive le vent, vive le vent,
Vive le vent d'hiver.
Qui s'en va sifflant, soufflant
Dans les grands sapins verts. Oh !

Vive le temps, vive le temps,
Vive le temps d'hiver.
Boules de neige et jour de l'an
Et bonne année grand-mère !

Noël nouvelet

Noël nouvelet, Noël chantons ici.
Dévotes gens disons à Dieu merci.
Chantons Noël, pour le roi nouvelet
Noël nouvelet, Noël chantons ici.

Noël

C'est le jour de la Noël
Que l'enfant est né.
Il est né dedans un coin,
Dessus la paille.
Il est né dedans un coin,
dessus le foin.

Un soir que les bergers

Un soir que les bergers
Rassemblés dans la lande
Surveillaient les troupeaux
À l'heure de minuit,
Ils virent tout à coup
Une clarté si grande,
Que celle d'un beau jour qui luit,
Que celle d'un beau jour qui luit.

Melchior et Balthazar

Melchior et Balthazar
Ont quitté l'Afrique, ont quitté l'Afrique,
Melchior et Balthazar
Ont quitté l'Afrique avec le roi Gaspard.

Ils sont tous les trois partis
À la belle étoile, à la belle étoile,
Ils sont tous les trois partis
À la belle étoile qui les a conduits.